AF384210

LE DROIT NATUREL, OU PÉTITION A MM. LES DÉPUTÉS DES DÉPARTEMENS.

Lyon. — Impr. de G. Rossary.

LE
DROIT NATUREL,

OU

PÉTITION

A Messieurs les Députés
des Départemens.

———<><>———

> « Nul n'a le droit exclusif de dicter ses
> « volontés à une nation ; et une fraction
> « quelconque, du corps social, ne saurait
> « représenter le corps social entier, sans
> « son aveu, autrement que par une usur-
> « pation de pouvoirs. »
>
> (L'auteur, pag. 9.)

———<><>———

PAIX AUX PEUPLES, HONTE AUX DESPOTES !

LYON. — 1831.

A

MESSIEURS LES DÉPUTÉS DES DÉPARTEMENS.

> « Nul n'a le droit exclusif de dicter ses
> « volontés à une nation ; et une fraction
> « quelconque, du corps social, ne saurait
> « représenter le corps social entier, sans
> « son aveu, autrement que par une usur-
> « pation de pouvoirs »
>
> (L'auteur, pag. 9.)

MESSIEURS LES DÉPUTÉS,

Depuis les mémorables journées de juillet 1830 il est peu de Français qui ne se soient livrés à quelques réflexions relativement aux conséquences de cette célèbre époque.

Chacun forme des vœux, médite, discute; des décisions même sont adoptées souvent par des citoyens plus ou moins capables, plus ou moins judicieux. Le bien public, l'intérêt commun, la sûreté, la tranquillité de tous, l'indépendance nationale, tels sont les motifs qui donnent lieu à réfléchir, à raisonner.

J'ai assisté fréquemment à ces discussions ; j'ai pris part à quelques-unes. Elles m'intéressent comme Français et encore comme père de famille.

On m'a sollicité pour pétitionner et pour vous adresser, Messieurs les députés, la manifestation DE L'OPINION, DES DROITS et DES DEVOIRS de chacun. J'ai promis : je remplis mon engagement. Je puis errer, mais la loyauté préside à mon travail et va guider ma plume.

Établir des principes justes, doit occuper mes premiers soins. Dans une affaire d'aussi haute importance je me promets beaucoup d'attention et tout le zèle dont je me sens capable pour rester, le moins possible, au-dessous du sujet. Arrivé à fixer ces mêmes principes je chercherai le flambeau de la raison. Si je puis le saisir il sera mon guide : me garantir de l'erreur sera l'objet de ma constante sollicitude.

Les droits et les devoirs de chaque citoyen ne peuvent être déterminés, et l'on ne saurait même les apprécier qu'après avoir posé le principe d'après lequel une nation a pu se former en corps social.

Ce principe est simple. Il est compris partout où réside une ombre de liberté ; partout où l'homme peut réfléchir, aidé de quelques lumières qu'il aura su acquérir, ou même de celles que lui communiquent ses compatriotes.

Le besoin de la paix ; la nécessité, pour chaque individu, de veiller à sa propre conservation et à celle de sa famille, ont réuni les hommes en corps social. Chacun, isolément, avait à redouter de plus grands dangers que ne pouvait appréhender chaque individu réuni à beaucoup d'autres. Il est constant que nous avons besoin d'un mutuel appui, d'une assistance réciproque : c'est une nécessité inhérente à notre existence.

Les hommes ont précédé les peuplades : les peuplades ont précédé les nations.

Ce n'est pas dans ce siècle ; ce n'est pas dans le pays où nous habitons que l'on pourrait contester une pareille vérité. Les hommes n'ont pas été formés par les nations, mais les nations ont été formées par les hommes ; les hommes ont pu créer les nations : ils se sont réunis, ils ont donc établi le corps social.

Les droits, les devoirs ont été discutés et fixés ensuite, plus ou moins judicieusement, plus ou moins favorablement pour la masse et pour chacun en particulier, selon l'influence du climat, selon les capacités naturelles ou selon les connaissances acquises de ces hommes réunis en société.

Chacun étant dans la nécessité de s'occuper de soi et de sa famille, des chefs devinrent nécessaires pour diriger le corps social et pour veiller à la sûreté de tous. Les plus braves, les plus vigilans furent choisis. Plus tard ces mêmes chefs ont accru leur puissance. Aidés d'hommes ambitieux, avides de domination, de chefs ils sont devenus souverains, puis absolus, souvent despotes et quelquefois cruels envers le peuple et pour le malheur des hommes qui les avaient élevés au pouvoir. Le défaut de civilisation de la masse permettait alors qu'il en fût ainsi.

Persuader à ces peuples que l'autorité souveraine était une propriété dévolue, par la divinité, au chef qui la possédait, fut encore l'œuvre de l'ambition, aidée d'agens, esclaves du maître qui les payait. Chaque despote appuya bientôt son droit de la volonté divine à laquelle le peuple rendait son culte.

Tel fut le droit divin.

Combien de siècles se sont écoulés ainsi, sans qu'aucun des hommes, faisant partie du corps social, ait pu émettre impunément une opinion opposée à ce droit! Combien d'hommes, cédant à la force de la raison, ont payé, de leur tête, la manifestation, non pas même publique, de cette opinion!

Ainsi, les hommes choisis par le peuple, pour veiller à la sûreté et à la prospérité de tous, ou bien les descendans de ces mêmes hommes, mandataires des peuples, exerçaient sur leurs mandants un pouvoir absolu ou despotique, dont la rigueur n'avait, et ne connaissait de bornes, que la crainte de le perdre par l'excès des iniquités.

Mais appuyés mutuellement dans toute l'Europe par une confédération générale, les souverains absolus, c'est-à-dire, les rois exerçant le pouvoir selon le droit divin, se prêtaient secours réciproque contre les peuples. Ils employaient les sujets esclaves à soumettre par la violence les sujets civilisés; puis, ils offraient à la divinité leurs actions de grâces, pour les meurtres qu'ils avaient commis.

Heureux, mille fois heureux le peuple qui

obtenait une trève de quelques années, gouverné par un souverain juste, ou pourvu d'une force morale assez grande pour se garantir des excès d'iniquité ou de cruauté que des intrigans vils, ou des courtisans perfides lui conseillaient.

Ainsi s'est vu gouverner notre belle France. A peine quelques hommes vertueux, apparaissant par intervalles, ont-ils pu modérer les excès du souverain et procurer quelques adoucissemens au peuple. Leurs leçons, la morale qu'ils faisaient entendre au pouvoir était promptement oubliée : les courtisans reprenaient trop tôt leur empire et le gouvernement des affaires de l'état, sous le nom de leur maître. Un orateur célèbre (Massillon) ôsait-il dire publiquement au roi Louis XV : « Oui, Sire, c'est le « choix de la nation qui mit d'abord le sceptre « entre les mains de vos ancêtres ; c'est elle qui « les éleva sur le bouclier militaire et les pro- « clama souverains. » Cette leçon était bientôt méconnue et le despotisme continuait sa marche.

C'est ainsi qu'en opposition à toutes les lois naturelles et divines, quelques hommes ont trompé, asservi, écrasé ceux qui les avaient établis leurs surveillans , leurs mandataires; c'est de la sorte qu'ils abusaient des mots de : *droit divin;*

C'est ainsi que ces mêmes hommes se quali-fiant de chefs, non pas des habitans d'une contrée, mais bien de la contrée elle-même, se partageaient l'Europe et tenaient pour es-claves ou pour valets ces habitans laborieux auxquels ils devaient leur puissance.

Telle a été l'origine et tel fut en Europe le règne du prétendu *droit divin.* Ses principaux auxiliaires se composaient d'hommes formant une caste, qu'une sorte de privilége de no-blesse, héréditaire comme la puissance prin-cipale, attachait au pouvoir, et lui facilitait les moyens d'opprimer le peuple.

Aujourd'hui, les peuples, fatigués de tant d'ingratitude, d'iniquité et de barbarie, com-prennent leur droit et leur dignité : ils reven-diquent la place que leur assigne la nature , la justice, la raison. Ils savent que toute nation a besoin de chefs. Ils veulent pour chefs des hommes sages; mais ces hommes peuvent faillir et préjudicier au corps social. Afin d'éviter ce mal ces chefs ne doivent gouverner que par la volonté de la loi, et cette loi doit être l'œuvre des plus capables, choisis parmi la masse. Un chef principal et ses subalternes, doivent être *la parole de la loi.*

Cette volonté ne résulte pas d'une concession faite aux peuples ; ce n'est pas non plus un droit qu'ils ont acquis. En l'exprimant, cette volonté, ils usent du droit qu'ils ont toujours eu. Les trônes, selon le prétendu droit divin, sont absurdes. Il n'y a de droit que celui de la justice ; or, la justice n'admet pas le despotisme. Le droit des peuples, le droit naturel reprend la place que l'intrigue, l'ambition lui avaient enlevée, et son règne sera celui de l'équité.

Sous un pareil gouvernement, sous le gouvernement du droit naturel, le chef principal est, en même temps, le mandataire et le premier citoyen de sa nation ; celui que les hommes, réunis en corps social, ont placé à leur tête pour veiller à leur sûreté, au bien et à la prospérité de tous.

Laissons aux hommes vains ; laissons aux ambitieux ; laissons à ceux qui désirent faire partie d'une caste privilégiée ; qui veulent, pour intermédiaire, entre la nation et son chef, un corps de noblesse héréditaire ou de noblesse financière : laissons ces hommes rêver la domination et proclamons les principes vrais, sages, justes : LE DROIT NATUREL. Le droit égal pour tous les hommes, réunis en corps social, de participer au bien de la chose commune ainsi qu'ils participent à sa conservation et à ses charges.

Que cette vérité si simple soit partout entendue, partout répétée : NUL N'A LE DROIT EXCLUSIF DE DICTER SES VOLONTÉS A UNE NATION; ET UNE FRACTION QUELCONQUE, DU CORPS SOCIAL, NE SAURAIT REPRÉSENTER LE CORPS SOCIAL ENTIER, SANS SON AVEU, AUTREMENT QUE PAR UNE USURPATION DE POUVOIRS.

Ce n'est donc pas de conséquences dont on doit s'occuper en pareil cas, mais du principe. Quel est ce principe? il est incontestable : le droit naturel; le droit le plus imprescriptible des nations.

Mais cherchons franchement comment elles peuvent en user; comment elles doivent l'exercer utilement, sans danger, même sans inconvénient. C'est ici la conséquence.

On s'efforce, dans l'intérêt de l'intrigue et dans l'intérêt des courtisans, d'effrayer la multitude et de lui faire appréhender l'usage de son droit le plus précieux et le plus sacré. On voudrait persuader au plus grand nombre, que l'usage de ce droit ne peut se tolérer sans danger. On cite, pour exemple ou pour preuve, la France de 1793, réduite à un état d'anarchie par suite de l'exercice de ce droit.

Argumenter ainsi c'est vouloir détruire le principe par la conséquence. Tout homme sensé ne verra dans ce raisonnement qu'un subterfuge. Comment les hommes réunis pour la sûreté et pour le bien de tous, et pour celui de chacun en particulier, pourraient-ils ne pas vouloir ce bien, cette sûreté? comment ces hommes pourraient-ils vouloir le désordre, l'anarchie?

Ce qui s'est passé en France en 1793 ne fut l'ouvrage que du pouvoir absolu, soudoyant et soldant les troubles. L'inexpérience du peuple a pu lui préjudicier alors et ne pas lui laisser apercevoir un piége. Mais il a payé cette leçon. Loin d'en éprouver un préjudice pour l'avenir, il en retirera le fruit : le principe est resté; il durera autant que les nations elles-mêmes. Vienne l'exercice du droit et le peuple prouvera que, formant un corps social pour la conservation de tous, il veut le maintien du corps social, conséquemment il veut l'ordre. L'anarchie, en 1793, a frappé toutes les classes, par la guerre, par le défaut d'industrie, par les impôts. La classe privilégiée s'est adjugée des indemnités; la nation les a payées et la classe non privilégiée n'a rien reçu. Pour trouver aujourd'hui des familles ruinées, par les événemens de 1793, il faut les chercher dans cette dernière classe.

Mais encore, les hommes dépourvus de fortunes sont ceux qui ont le besoin le plus grand de tranquillité, d'ordre. Leur existence repose sur le travail journalier. Si les troubles publics leur enlèvent ce travail, leur existence est compromise, alors que l'homme fortuné n'est privé que de ses économies et d'un accroissement de fortune. Parmi les hommes réunis en corps social ce n'est donc pas la classe riche qui a le plus d'intérêt à l'ordre public : c'est celle qui se compose des fortunes médiocres, c'est celle du commerce, c'est encore celle des ouvriers.

Cette vérité a été sentie par les privilégiés, par le pouvoir absolu, par le prétendu droit divin.

Si vous troublez l'état de choses actuel, a-t-on dit aux classes industrielles ; si vous tentez de renverser un système de gouvernement que vous croyez contraire à vos intérêts et en opposition avec vos droits, la classe riche retirera ses capitaux, le travail cessera et vous souffrirez. Ce raisonnement, ces discours captieux ont eu long-temps du succès ; ils ont retardé la revendication des droits que les classes laborieuses appréciaient et qu'elles voulaient faire prévaloir.

Mais enfin, l'injustice, l'arbitraire ont soulevé les ames généreuses et l'indignation s'est propagée. Nous souffrirons, sans doute, ont répondu enfin ces hommes opprimés ; mais nous voulons rétablir les principes de justice, léguer à nos descendans la plénitude de leurs droits, à la postérité un bel exemple, une leçon utile : la honte au pouvoir absolu et aux partisans du prétendu droit divin. Le premier qui ait ainsi parlé a été entendu partout : sa voix retentit encore. La masse s'est levée et la tyrannie a disparu.

Ces hommes, aujourd'hui, désirent l'ordre, mais ils persistent à vouloir la justice. C'est pour obtenir justice qu'ils ont troublé l'ordre ;

et si ils l'ont troublé ils y ont été contraints. La devise de juillet est belle : *Liberté, ordre public.* Elle est incomplète, toute belle qu'elle est. JUSTICE, LIBERTÉ, ORDRE PUBLIC; voilà ce qu'elle devait être; voilà ce qu'elle sera : c'est une omission à réparer.

Tout ce que j'ai dit nous reporte aux événemens des mémorables journées de juillet 1830, ou à peu près. Quels autres événemens leur ont succédé? qu'elle est, aujourd'hui, la position du corps social en France ? quelles sont nos espérances? quelles sont nos appréhensions, à nous tous qui formons ce corps social?

Puisse la vérité, la justice, la raison me prêter leur appui, leur organe! Puisse ma faible voix se faire entendre utilement, pour le bien de mes concitoyens, pour celui des nations et de l'humanité!

—————

La révolution de 1830 était inévitable. Si un évènement important l'eut fait éclater quelques années plus tôt elle ne se fut réalisée qu'avec des difficultés plus grandes. Mais la civilisation, que rien ne saurait arrêter aujourd'hui, au point où elle est arrivée, minait le pouvoir absolu, retranché derrière une charte qu'il désirait anéantir, et qu'il n'exécutait que le moins possible, en attendant le jour, vainement désiré, de faire rétrograder le peuple vers le quinzième siècle.

On accuse mal-à-propos de cette dernière révolution, soit Charles X et sa famille, soit les ministres de juillet 1830, comme l'ayant maladroitement occasionnée. Si ce gouvernement existait aujourd'hui, nos droits nous étant mieux connus qu'ils ne l'étaient il y a une année, la révolution se ferait plus facilement; plus tard encore elle se fut réalisée sans effort. Le fruit, lorsqu'il est en maturité, se détache de l'arbre.

La civilisation, l'imprimerie, voilà les moteurs de l'émancipation des peuples; voilà les précepteurs qui leur ont enseigné et démontré quels droits étaient ceux des hommes réunis en corps social.

Il n'y a plus que l'effet du délire qui puisse motiver la résistance du pouvoir absolu contre le droit des nations. La peine de mort contre les hommes, réclamant leurs droits, a toujours été un crime; mais aujourd'hui, elle n'a pas même, pour le droit divin, pour le pouvoir absolu, l'affreux prétexte de l'utilité, ni l'épouvantable nécessité de maintenir, par la crainte et par la terreur, un pouvoir usurpé, une autorité tyrannique démentie par la justice et par la raison. En 1831, Borelli et Menotti, mis à mort, périssent inutilement pour le pouvoir absolu. Rien ne saurait changer le droit positif des peuples. Ils ne seront pas arrêtés par ces crimes inutiles. Ils sont forts; ils arriveront au but, mais ils ne se vengeront pas. La cruauté est l'apanage du faible : les nations doivent seulement ôter aux méchants le pouvoir de nuire au corps social, puis honorer la mémoire de ceux de ses membres qui ont péri victimes de leur zèle pour la justice et pour la cause commune.

Voilà l'expression vraie de l'état moral en France; voilà l'opinion de la presque totalité des Français.

———

La chute du pouvoir absolu en 1830 a laissé le corps social dépourvu de fait, de son principal chef. Je dis : dépourvu *de fait,* parce qu'il en a toujours été dépourvu *de droit* alors que ce chef ne gouvernait pas avec le corps social, et que son pouvoir était absolu, plus ou moins.

Le corps social s'est donc trouvé appelé à constituer son gouvernement.

J'ai dit et je le réitère : Habitans de la terre où nos pères ont vécu, de la terre paternelle, les Français sont enfans de la même patrie. Réunis, et formant une nation, le corps social est l'unité dont chaque citoyen est une fraction. Le corps social se compose donc essentiellement de tous les hommes qui habitent le territoire national.

A l'instant où je parle, si il avait à défendre son indépendance, tous les citoyens y étant appelés, les secours qu'il recevrait, les services importans qui lui seraient rendus, il les devrait, à ceux de ses habitans qui auraient le moins de fortune ; il les devrait à la classe ouvrière. Que l'on ne m'oppose pas des exceptions ; elles sont honorables, mais loin de prouver contre mon raisonnement elles le fortifieraient. Un homme qui n'a que de la fortune, meurt : sa perte est inaperçue. Le corps social éprouve peu ou n'éprouve point

de dommage. Celui , au contraire, qui peut
payer de sa personne si l'indépendance est
menacée; celui qui possède une industrie utile;
celui qui est susceptible d'améliorer l'agricul-
ture, de faire faire des progrés aux sciences
ou aux arts : un homme de l'une de ces classes,
enlevé au corps social, lui fait éprouver un
dommage réel.

Ainsi, l'on pourrait établir que l'utilité de
chacun , pour le corps social, serait en raison
inverse de la fortune. Si, pour le bien général,
il y avait utilité de le démontrer, j'arriverais
facilement à cette preuve, en admettant, je
le répète, d'honorables exceptions. Mais un
raisonnement simple détruit tout système de
différence, de préférence et de privilége. Ce
raisonnement le voici :

Mille chances de fortune nous offrent
chaque jour, d'un côté, le tableau de nou-
veaux riches; et, d'autre part, d'hommes for-
cés, par des revers de fortune, d'abandonner
le magnifique hôtel pour la modeste maison
du très-petit rentier. Or, il ne serait pas moins
injuste que ridicule de prétendre qu'un citoyen
pût passer, alternativement, d'une première
à une seconde ou troisième classe, et retour-

ner ensuite dans la classe qui lui a été primitivement dévolue, pour être ou n'être pas appellé aux affaires publiques. C'est un ridicule, c'est une absurdité que nous laissons aux partisans du système qui a voulu créer des priviléges de fortune pour arriver, de là, aux priviléges de titres et de naissance, et qui enveloppent, dans ce système, quelques hommes,amis de nos libertés, mais trop crédules et trop faciles à abuser.

Il faut donc reconnaître, en équité comme en principe, que tous les hommes qui habitent le territoire national où réside le corps social, sont appelés à constituer le gouvernement et à participer au bien commun. Tout système opposé tend à détruire l'harmonie, la confiance, la force ; il expose le corps social ; il ne met guère en danger, quant à l'homme riche, que le superflu de son revenu, mais il compromet la fortune entière du négociant et l'existence de la classe ouvrière.

Ceci nous conduit à distinguer l'autorité de fait et l'autorité de droit.

Il n'y a d'autorité de droit ; il n'y a d'autorité ayant mandat, ayant qualité pour former, pour établir un gouvernement, QUE CELLE QUI

AGIT AU NOM DE TOUS LES MEMBRES DU CORPS SOCIAL.

Conséquemment, toute autorité qui n'a pas été instituée avec le concours général, n'est qu'une autorité de fait.

Quel est le devoir de tout homme qui a été placé par le petit nombre, par une fraction du corps social, à la tête de ce corps, lorsqu'il n'y avait aucune autorité de droit? quel est le devoir d'une semblable autorité? c'est ce que je vais essayer d'indiquer.

Il ne faut pas admettre que là où il n'y a pas d'autorité *de droit* il ne puisse, ni qu'il ne doive point y avoir d'autorité *de fait.*

Ce principe serait opposé au bien du corps social; donc il serait faux.

Par un évènement extraordinaire quelconque, le corps social peut se trouver privé de l'autorité de droit; de l'autorité qu'il a instituée, établie avec le concours de tous ses membres. Cela peut arriver. C'est précisément la position dans laquelle nous nous sommes trouvés le 30 juillet 1830; c'est-à-dire, l'autorité de fait, qui gouvernait, ayant été forcée d'abandonner la direction des affaires communes, il y a eu, pendant un instant, absence de toute autorité.

Dans ce cas une autorité de droit ne pouvait se trouver portée, spontanément, à la direction de la chose publique. Une autorité de fait a donc pu s'instituer.

Non-seulement il n'y a rien qui soit reprochable à l'égard des citoyens qui se sont constitués en autorité de fait, provisoirement, mais encore cette action est louable; elle est dans l'intérêt du corps social, auquel elle a évité quelques instans d'anarchie que pouvait occasionner l'absence de tout pouvoir.

Honneurs soient donc rendus aux autorités du gouvernement de fait de Charles X, pour l'empressement avec lequel elles ont pris la direction de la chose publique le 30 juillet 1830. Elles ont dû s'occuper de toutes les mesures que nécessitaient les circonstances; de celles indispensables au bien du corps social; mais seulement *des mesures urgentes*. Rendre des lois organisatrices, des lois constitutives, était hors de leur pouvoir et de leur devoir.

Le 30 juillet 1830 la France était libre. Le corps social, entier, devait être appelé à constituer, à organiser son gouvernement de droit. Après avoir adopté les mesures urgentes, quelle mission avaient à remplir les autorités provisoires? elles devaient déterminer le mode le plus convenable à suivre, pour que le corps social fît choix de mandataires, à l'effet de constituer son gouvernement.

Ce n'est pas ainsi qu'elles ont opéré. Elles ont créé un nouveau gouvernement de fait; elles ont remplacé, de la sorte, le gouvernement de fait de Charles X qui venait d'être déchu. Etrange erreur! singulier abus d'un pouvoir temporaire! La millième partie du corps social, sans qualité, sans mandat, sort ainsi des limites de toute espèce de droit et de raison! A côté d'une action louable, utile au corps social, ces autorités, plaçant un abus de pouvoirs, s'exposent aux reproches de ce même corps social, auquel elles tentent d'enlever son droit le plus précieux, le plus imprescriptible!

Depuis le 30 juillet 1830 nous sommes affranchis du gouvernement absolu qui a été si long-temps imposé aux Français. Ce gouvernement, privé du titre de gouvernement de droit, étant même en opposition directe avec le droit naturel, s'intitulait de *droit divin*. Quel est celui qui l'a remplacé? comment peut-on le qualifier?

Il n'est pas selon le droit naturel puisqu'il n'est pas organisé par le corps social entier; il n'est pas, non plus, selon le droit divin supposé, si il est vrai que Henri V ne puisse être exclu, par aucun moyen, de l'hérédité à laquelle on prétend pour lui. Nous avons donc, simplement, un gouvernement de fait.

On objectera sans-doute ce que nous avons démontré déjà. On dira que le gouvernement du prétendu droit divin n'étant autre qu'un gouvernement de fait, celui qui existe est au moins l'équivalent de celui qui a précédé.

Je répondrai que cette objection est exacte, rigoureusement parlant, puisqu'il ne saurait y avoir un droit en opposition avec un autre droit, et qu'il ne peut exister de gouvernement de droit que celui qui est de droit naturel. Mais je dois ajouter que celui du prétendu droit divin aurait encore, sur celui qui vient d'être fondé, non pas un avantage dans la rigueur du principe, mais qu'il en aurait cependant un réel, moralement, auprès du petit nombre d'individus qui s'obstinent encore, soit stupidité ou mauvaise foi, à reconnaître le droit divin, ainsi que l'entendait la dynastie déchue, comme un droit véritable.

Ainsi, en droit rigoureux, nous n'avons aujourd'hui que ce que nous avions avant juillet 1830; et, moralement, peut-être n'avons-nous pas plus.

Quelle est la base sur laquelle est fondée notre gouvernement actuel? il n'en est aucune.

Il existe par la sagesse du plus grand nombre des membres du corps social.

Les citoyens, composant le corps social, lui obéissent par appréhension de toute espèce d'action qui pourrait nuire à l'intérêt général. Mais le principe, sur lequel est fondé leurs droits, étant hors de toute atteinte, ils desirent le faire prévaloir par l'unique secours de la justice et de la raison.

En attendant ce résultat, le corps social est privé d'une grande partie de la force et des moyens qu'il posséderait si son gouvernement était établi sur le droit véritable; si, marchant avec la nation entière, il l'avait franchement et positivement pour auxiliaire.

Le gouvernement impérial a succombé au premier échec qu'il a éprouvé. Pourquoi ?

Parce qu'il n'était pas fondé sur le droit naturel; qu'il marchait seul et isolé du corps social. Cependant, il avait, en sa faveur, de grands services rendus à la nation sous le rapport des sciences, des arts et de la législation; et, encore, les plus beaux trophées de gloire militaire qu'une nation puisse posséder.

Si il eut été étayé du prétendu droit divin, son règne eût été plus long, la confédération des souverains absolus contre les peuples l'ayant appuyé. Toujours est-il vrai qu'il eut échoué contre la civilisation et contre la connaissance acquise, par les Français, de leurs véritables droits, à moins qu'il ne les eut reconnus et consacrés, ce qui est probable.

Le gouvernement absolu vient de succomber en pleine paix; entouré de ses agens, de ses auxiliaires, de ce qui lui restait encore de noblesse héréditaire, de ses satellites; sous les yeux des souverains absolus, ses confédérés, et contre les efforts d'un petit nombre de braves. Pourquoi?

Parce que, méconnaissant l'origine de son pouvoir, il avait détruit ce pouvoir par l'abus qu'il en avait fait, et parce qu'il était attaqué par des hommes qui avaient le sentiment de leurs droits et le suffrage du corps social qui se levait en masse et voulait mettre fin à un régime de priviléges.

Voilà des leçons bien récentes et bien fortes. La moindre réflexion fera concevoir qu'il faut un appui réel à un gouvernement ; que les confédérations des souverains absolus contre les peuples ont perdu leur puissance par l'effet de la civilisation de ces mêmes peuples ; qu'en conséquence cet appui cesse d'en être un.

On demande aux partisans du gouvernement actuel quel est le principe sur lequel est fondé ce gouvernement.

D'abord, ils avouent qu'aucun droit légal ne consacre sa puissance. Il n'est pas de loi, en effet, qui dispose que le gouvernement puisse être établi, en France, par le concours de quelques hommes dépourvus de tout mandat.

Il y a donc absence totale de loi ; notre législation est muette sur ce point. Le gouvernement n'est donc pas légal, pas même de fait; c'est-à-dire, qu'*aucune loi, aucun ouvrage d'un corps législatif, fondé par un gouvernement de fait, n'autorise une semblable organisation.* C'est un gouvernement purement de fait, sans qu'aucune loi antérieure, émanant d'un gouvernement de fait, l'autorise. Je me répète, afin d'être mieux compris.

Ces mêmes partisans avouent également que le droit naturel est le seul qui puisse être reconnu comme PRINCIPE CONSTITUTIF d'un gouvernement.

Mais voici leur restriction; voici comment, et pourquoi, ils considèrent le droit naturel comme inadmissible en France, en 1831, et son principe comme fâcheux et subversif :

Si le droit naturel était consacré, disent ces messieurs, il y aurait *souveraineté nationale*. Tout Français pourrait être électeur, et même député, sans égard au cens électoral non plus qu'à celui d'éligibilité. L'intrigue nous procurerait indubitablement un gouvernement fondé par le peuple, qui serait en majorité; nous aurions la démocratie et bientôt la république. Or, nous redoutons l'une et l'autre, convaincus que des mains peu habiles nous procureraient de grands maux.

Tel est le système adopté par les Français opposés à ce que l'on est convenu d'appeler *le mouvement;* tel est leur raisonnement; et c'est ainsi que des craintes sont exprimées par ces hommes, réputés et reconnus libéraux, mais qui

se prononcent pour l'état actuel de choses ;
voilà l'opinion, et voilà encore les motifs de
ces mêmes hommes qui sont du parti qualifié
de parti de *la résistance*.

Honneur à celui qui aime sa nation ! L'erreur
est partout excusable.

Faire justice de ce raisonnement et de cette
opinion n'exige qu'un peu de sens et de raison.
On répond :

Vous admettez le principe : vous ne sauriez le
combattre. Il est tellement certain, que jamais
on n'a eu la pensée de le contester.

Mais vous imaginez que la conséquence sera
fâcheuse ; vous l'affirmez, et vous déclarez le
principe inadmissible. Vous donnez ainsi à la
France, à l'Europe même, l'exemple le plus
extraordinaire de l'irréflexion ou du défaut de
sens que l'on ait pu jamais afficher. Détruire un
principe par la conséquence ! quelle bizarrerie !
quelle faute de raisonnement !

Je dis : *détruire*, je commets une erreur ; détruire ne saurait être le mot. On ne peut anéantir un principe élémentaire : c'est là cependant
ce que l'on voudrait, mais cette volonté se
brisera contre le principe lui-même.

Cependant il faut prendre en considération l'avis de cette faible partie du corps social. Il convient, dans l'intérêt général, de combattre cette opinion et de faire prévaloir le droit naturel contre l'erreur. Opposer la force matérielle serait le fait d'un peuple non civilisé : en France, et en 1831 surtout, c'est la puissance du raisonnement qui doit régir, gouverner.

Voyons donc, avec le parti qualifié *de la résistance*, si l'on doit sérieusement redouter la conséquence qui dérive du principe admis, et sur lequel on ne peut contester ; voyons, avec tous les hommes au caractère droit, franc, ce qui doit être adopté ; voyons enfin, avec tous les Français, de bonne foi, si l'on ne doit pas revendiquer le droit véritable, parce que la conséquence peut en être fâcheuse ; ou bien, au contraire, si cette même conséquence n'est pas favorable, si elle n'est pas utile, nécessaire, disons même indispensable au bien général et à l'intérêt du corps social.

Un gouvernement qui aurait voulu, franchement, que tout Français fût en possession de ses droits, en eût cherché les moyens. On pouvait appeler sur ce point l'attention de tous, ouvrir la discussion et accueillir les réflexions.

Il est tant de sujets arides, qui ont donné lieu au développement de belles pensées, qu'il est permis de ne pas douter du résultat heureux qu'aurait procuré un concours qui aurait eu pour motif la liberté de la nation entière, la réintégration du corps social dans les droits que l'ambition et l'intrigue lui ont enlevés.

Au lieu de chercher ce moyen, et loin de vouloir le règne de la justice, les gouvernemens ont constamment éludé toute espèce de concession. Les progrès de la civilisation et la force des choses ont seules obligé le pouvoir absolu à reconnaître quelques droits aux peuples.

Examinons. Pour raisonner dans le sens des hommes que nous allons bientôt convaincre, admettons que l'élection des députés soit susceptible d'avoir des inconvéniens plus ou moins graves; reconnaissons que la réunion de tous les Français en corps électoral, un même jour et dans toute la France, est à redouter pour la tranquillité publique. Tout cela, sans être certain, peut être admis un instant. Voilà la première difficulté que l'on élève.

Mais il y a mille moyens d'éviter toute appréhension de troubles : on peut faire voter par arrondissement de justice de paix ; on peut aussi ne pas adopter le même jour pour tous les arrondissemens dans chaque département.

On peut encore, si l'on appréhende une réunion entière dans une justice de paix, diviser l'élection en deux ou en un plus grand nombre d'assemblées, et en suivant l'ordre alphabétique.

Ainsi disparaît une appréhension qui n'a que l'importance d'un prétexte, si l'on y réfléchit quelques instans.

Une autre objection se présente ; elle est également produite par les partisans du gouvernement de fait qui régit actuellement les affaires publiques. Comment le peuple, comment des hommes de la classe ouvrière sauront-ils discerner le mérite et faire choix de députés capables ? Ne seront-ils pas à la disposition des intrigans ? Ne verrons - nous pas ainsi les intérêts des grandes fortunes sacrifiés à ceux de la classe ouvrière par des députés, mandataires élus de ces prolétaires ?

C'est encore ici le cas de chercher un moyen convenable, tout en admettant cette objection comme étant fondée, bien qu'au contraire elle ne soit pas d'une exactitude parfaite. Mais si l'on peut suppléer avec avantage à ce mode par un autre, il serait hors de propos de contester; et c'est, en effet, ce que nous allons démontrer. D'abord, le corps social entier doit être représenté; les citoyens doivent, sans exception, participer à la formation du gouvernement, puis à l'administration de la chose publique. Tel est le principe avec lequel l'élection doit être en harmonie.

Pour cela, voici ce qui obvie à l'inconvénient que l'on redoute et qui, cependant, s'accorde avec le principe : IL FAUT APPELER TOUT INDIVIDU DOMICILIÉ, PAYANT UN IMPÔT QUELCONQUE, A FORMER LE CORPS ÉLECTORAL.

Ainsi : LE CORPS SOCIAL formera LE CORPS ÉLECTORAL et LE CORPS ÉLECTORAL formera LE CORPS LÉGISLATIF.

Mais, avec l'élection générale, le corps électoral sera-t-il composé d'une manière satisfaisante pour la masse? telle est la seule chose à examiner. Voilà la base de l'édifice social.

Pour diriger convenablement ce premier degré d'élections, la liberté de la presse est une garantie suffisante. Chacun saura que le corps électoral doit se composer : d'hommes recommandables sous le rapport moral; d'amis zélés de la chose publique et intéressés, comme pères de famille, comme propriétaires, cultivateurs ou industriels, à la prospérité de tous. Chacun comprendra et saura que le bien du corps social commande de bons choix.

Le corps électoral pourra être ainsi fixé à deux sur cent; il sera, alors, la cinquantième partie du corps social qu'il représentera.

Il désignera les membres du corps législatif;

Il indiquera, dans chaque département, les candidats préfets et les candidats conseillers de préfectures qui, tous, seront soumis à la nomination du roi;

Enfin, il formera, par la voie du sort, les juris pour les Cours d'assises.

C'est alors que la loi sera revêtue d'une autorité incontestable ; ou plutôt, c'est alors qu'elle constituera un acte vraiment obligatoire pour tous et qu'elle commandera le respect. On lui obéira par devoir plutôt que par contrainte.

Alors encore, l'autorité aura le caractère propre au mandat qu'elle devra remplir. Enfin, on dira, avec raison, avec vérité, relativement au juri, que l'accusé sera jugé par ses pairs.

Telles sont les objections que l'on adresse aux partisans du système suivi par le gouvernement actuel. Elles ne laissent aucun doute sur la facilité avec laquelle on pourra former le corps électoral, sans aucun inconvénient, et avec la certitude qu'il sera bien composé. Le corps social nommant, non pas *les députés*, mais *les électeurs*, il sera facile à chaque citoyen de se fixer sur le choix d'électeurs probes et bien intentionnés.

Or, voici comment on établit la différence, entre les électeurs payant le cens de 200 fr. et ceux qui seraient désignés par le choix; plutôt encore, entre les électeurs *de fait* et les électeurs *de droit*.

On dit :

La loi du gouvernement de fait qui confère le titre d'électeur et celui de juré au contribuable payant 200 fr. d'impôts, nonobstant des imperfections très-grandes, est encore illicite; elle est même immorale.

Elle admet, en principe, que la fortune tient lieu de tout; qu'elle fait l'honnête homme, le bon père de famille, le bon citoyen, l'homme probe, loyal. Elle prononce que tout français payant, au trésor public, 200 francs, annuellement, est recommandable, digne de représenter le corps social et de participer aux charges les plus honorables. Vainement l'opinion veut-elle flétrir le fripon opulent qui sait éviter l'action de la justice ; la loi lui impose silence, et devant ce protégé, d'étrange sorte, la société doit se taire et s'incliner : ainsi le prescrit la loi.

Mais personne n'ignore que la fortune est trop souvent le prix de la déloyauté, du vice, même du crime. Tant d'exemples le prouvent, et un si grand nombre de moralistes l'ont publié, qu'on ne saurait l'oublier un instant. Labruyère, entr'autres, n'a-t-il pas dit : « N'en- « vions point à une sorte de gens leurs grandes « richesses : ils les ont à titre onéreux et qui « ne nous accommoderait point. Ils ont mis leur « repos, leur santé, leur honneur et leur « conscience pour les avoir : cela est trop cher ; « il n'y a rien à gagner à un tel marché. »

En France, les gouvernemens de fait ont tenu un langage différent. Ils ont disposé que tout citoyen pourvu d'un certificat de fortune était capable et recommandable. Principe faux, essentiellement dangereux pour la société et qui tend à la corrompre.

Ainsi, on peut voir au milieu d'une assemblée électorale, l'homme riche du produit d'intérêts usuraires portés jusqu'à 50 et 60 pour 100 par an; et encore, le débiteur qui a su traiter clandestinement à 15 ou 20 pour 100 avec des créanciers obligés d'accepter sous peine de tout perdre. Ces hommes, on les voit aussi au juri, non sur le banc des accusés, mais sur le siége des jurés. On a vu également, en France, (chose plus scandaleuse), des électeurs enrichis des vols de diligences en 1793, et dont les méfaits sont connus, représentant la nation, nommant les députés, et, bravant l'action des tribunaux, par la prescription, juger euxmêmes les criminels.

Voilà le résultat des lois électorales qui ont été rendues par les gouvernemens de fait. Je ne crois pas les avoir trop critiquées. La dernière est, je n'en doute pas, le résultat de l'erreur, mais d'une erreur qui ne saurait être réparée trop tôt. Une loi peut être défectueuse, sans inconvénient bien grave : si elle est immorale elle cause à la société un mal immense. Elle fait plus que d'absoudre le vice et même

le crime ; elle les protége, elle les encourage.
Aussi, combien d'hommes, aujourd'hui, mettent à prix leur conscience !

Est-il à craindre que des électeurs nommés par la masse puissent être choisis de la sorte? peut-on appréhender que l'intrigue élève à ce poste quelques individus de l'espèce de ceux que nous venons de signaler? cela n'est pas présumable. Mais si pareille chose arrivait, les bons choix feraient la critique des mauvais et produiraient des améliorations; et, dans ce cas même, le tort porterait sur ceux qui auraient élu : la loi serait exempte de critique. Dans la garde nationale, par exemple, si l'on pouvait reprocher l'immoralité d'un chef, on imputerait un mauvais choix à qui, l'aurait nommé, et qui aurait compté pour rien les vertus privées, mais le blâme n'atteint pas le législateur dans une telle circonstance.

Il est donc impossible de ne pas être édifié sur les deux difficultés qui ont été présentées, soit par les partisans du pouvoir absolu, soit par ceux du système libéral qui se sont mis en opposition contre le gouvernement du droit naturel. Ces deux difficultés n'ont rien de réel, rien de solide.

A l'égard de la première, on peut diviser les assemblées à tel point qu'il n'y ait nulle crainte de troubles;

Quant à la seconde, personne n'ôsera contester, avec bonne foi, que le corps électoral, sous le régime du droit naturel, ne sera bien préférable à ce qu'il a été sous les gouvernemens de fait qui ont précédé celui actuel, comme il sera préférable encore à celui qui vient d'élire les députés de 1831.

Telle est la différence entre ces deux espèces de gouvernement. Le gouvernement de fait s'étaye de toute sorte de moyens et se soutient comme il peut : le gouvernement de droit ne veut que la justice. La morale est la conséquence nécessaire de la justice; aussi le titre d'électeur deviendra-t-il le prix des vertus privées : il sera bientôt un certificat de probité, et le corps électoral sera vraiment et justement considéré.

Toutefois nous ne devons pas omettre de le dire : il y a deux classes de libéraux opposés au droit naturel. L'une se compose d'ambitieux qui attendent, du gouvernement, le prix de leur docilité; l'autre est circonvenue, résiste franchement, par l'appréhension de troubles chimériques et faute d'avoir approfondi les choses.

Nous devons également convenir que, parmi les partisans du pouvoir absolu, on compte trois classes : celle des hommes qui attendent leur réintégration dans les emplois qui leur ont été enlevés; celle de certains nobles qui revendiquent des titres et des priviléges aujourd'hui ridicules ; et, enfin, la classe des hommes, amis de leurs pays, mais crédules, et qui n'ont de volontés et d'opinions que celles qui leur sont suggérées par les partisans vraiment intéressés au règne du pouvoir absolu.

Anéantir toutes ces opinions n'exigera pas de grands efforts. Tout système opposé au droit naturel n'est que l'œuvre de l'intrigue et de l'ambition. Il faut convaincre et ce sera chose facile : les français, amis de leur pays, et de bonne foi, s'empresseront de se réunir à la majorité. A l'égard des autres on attendra qu'ils allèguent quelques bonnes raisons, à l'appui de leur opinion, et, certes, on attendra long-temps.

On ne saurait se dissimuler, cependant, combien l'union est désirable. Quelque faible que soit, en France, le nombre des hommes opposés au droit naturel, et opposés, surtout, à l'égalité de prétentions aux emplois et aux avantages qui sont du domaine du corps social; quelque faible que soit leur nombre, disons-nous, ils font partie de ce même corps social, qui leur doit égards et bienveillance. Rien ne saurait être négligé pour qu'ils ayent une entière sécurité. C'est la condition essentielle du pacte, qui ne sévit que contre ceux qui nuisent à la masse.

Parmi les hommes qui secondent, au moins de leurs vœux, le pouvoir absolu, il est fâcheux d'être obligé d'avouer que l'on compte quelques ecclésiastiques. Si des faits notoires et récens ne venaient l'attester on n'ôserait pas le publier et l'on ne voudrait pas même s'arrêter à une semblable pensée. Qui croirait, en effet, que sous le manteau de la religion chrétienne, il y eut quelques ministres de cette même religion qui puissent désirer l'oppression des peuples? Cela n'est que trop exact. Cependant, ce malheur est moins grand en réalité qu'en apparence. Plusieurs circonstances viennent l'atténuer.

On sait, aujourd'hui, que l'ambition, qui se glisse partout, trouve asile chez certains ecclésiastiques, mécontens de ne pas gouverner ici bas, d'abord partiellement, et bientôt souverainement; mécontens encore de ne pouvoir atteindre les sommités de l'opulence. Sans doute, sous le règne du pouvoir absolu, de pareils desirs, de semblables espérances n'auraient rien d'extraordinaire, puisqu'il est vrai qu'un tel gouvernement ne compte de partisans que les classes privilégiées : un gouvernement de droit, un gouvernement de justice et de raison n'admettant rien, au contraire, que d'équitable, pareilles prétentions seront vaines; dès-lors les ambitieux, inconsidérés, doivent désirer le succès de leurs protecteurs. Mais on apprécie ces désirs, on connaît la ruse, l'astuce même : on n'en chérit pas moins la religion; on considère également ses ministres et l'on plaint l'erreur que produit l'ambition.

Cette connaissance positivement acquise, des motifs de prédilection de quelques ecclésiastiques, pour le pouvoir absolu, suffit pour en

neutraliser l'effet. Mais encore, tout ce que le clergé comprend d'hommes estimables et honorables; de ministres vraiment observateurs de leurs devoirs, loin de partager une opinion au moins répréhensible, s'en montre ouvertement détracteur. Un respectable curé écrivait, il y a peu de jours : « La religion chrétienne
« porte avec elle les principes du libéralisme;
« elle combat l'oppression. Lui supposer une
« prédilection pour les souverains qui sont ab-
« solus despotes ou tyrans, est une injure de
« l'ignorance. Le clergé, pénétré de ses devoirs
« et de la morale qu'il doit enseigner, sait que
« le christianisme a toujours eu pour princi-
« pes, l'affranchissement des esclaves, la libé-
« ration des peuples; que c'est lui, le chris-
« tianisme, qui a tracé cette route aux nations.
« On peut donc se reposer sur le grand nom-
« bre d'ecclésiastiques éclairés et sages, du
« soin de démontrer à ceux d'entr'eux qui mé-
« connaissent ces principes, que la liberté et
« la justice sont filles de la religion chretienne;
« que les souverains doivent gouverner avec
« elles; et, qu'enfin, les hommes, que les na-
« tions élèvent au premier degré de la puis-
« sance temporelle, ne sont pas des idoles

« mais seulement des mandataires, des sur-
« veillans. »

J'ai indiqué toutes les difficultés, toutes les
oppositions que pouvait rencontrer le droit naturel. Leur importance est tellement faible
qu'elle est presque ridicule. Qui peut retarder
l'exercice de ce droit et le règne de la justice?
qui peut faire différer l'instant où les peuples
ne seront plus sous la dépendance des fac-
tions? L'INTRIGUE! elle seule exploite, à son
profit, le corps social! c'est elle qui prend les
formes qui conviennent aux gouvernemens
absolus : c'est à elle que les peuples sont auto-
risés à imputer une partie des maux que leur
ont causés le despotisme!

L'intrigue! que Massillon marque du type de
l'ignorance et de la bassesse! que J. J. Rousseau
accuse d'ineptie, de duplicité! que Florian re-
connaît être trop vile pour qu'un jeune homme
doive s'en aider comme moyen de fortune!

Telle est l'arme, cependant, que les gouvernemens absolus ont ôsé employer contre les
peuples. Depuis 1814 nous en avons eu de
fâcheux exemples. Emplois, décorations, digni-

tés même (mais dignités de titres), on obtenait tout par ce moyen; et ceux qui abusaient le peuple, au profit du despotisme, recevaient le prix de l'intrigue. Faites justice de ce vice et la nation arrivant sans effort à la possession de ses droits, laissera à l'histoire le soin de qualifier les gouvernemens qui ont ôsé le propager et altérer ainsi les mœurs sociales!

On parle des autres peuples de l'Europe.

Si la France, dit-on, proclame le droit naturel, les puissances étrangères déployeront contre nous l'étendard de la guerre. C'est encore là le langage de l'intrigue; c'est le langage de quelques hommes ambitieux, dont le char est attelé à la suite de celui du gouvernement actuel.

Dans pareil cas que seraient les puissances étrangères? presque rien, aujourd'hui, sinon les esclaves étrangers. Or, les peuples anglais, prussien et autrichien, comprennent leurs droits presqu'aussi bien que nous; ceux de la confédération du Rhin, de la Suisse et de l'I-talie, applaudissent à la revendication du droit des nations. Tous s'intéressent à l'immortelle Pologne. Les peuples russe, portugais et espagnol comptent eux-mêmes un grand nombre de citoyens fatigués du despotisme : bientôt ils seront au niveau des autres et le pouvoir absolu ne trouvera pas une retraite en Europe.

Autrefois, par puissance, on entendait une nation entière. Aujourd'hui, il n'en est pas ainsi, lorsqu'il s'agit du droit des nations : une puissance est réduite, dans ce cas, à nombrer ses soldats en ne comptant que ses esclaves et il en reste peu.

Mettez en présence une armée française et une armée prussienne, autrichienne ou anglaise. Vous verrez si les peuples consentiront à une guerre d'extermination qui devra river leurs fers! vous verrez si un seul et même camp ne les réunira pas bientôt! montrez l'étendard de la liberté aux autrichiens ou aux prussiens, marchant sous celui de la tyrannie, et dites-leur d'aller vaincre les soldats français qui entourent cet étendard de la liberté! vous verrez si l'absolutisme est puissant comme il l'était il y a 50 ans! si les italiens comptaient 300 mille soldats, les autrichiens feraient jonction et les deux armées iraient à Vienne proclamer le droit des peuples et faire acte de raison.

Que seraient les souverains absolus , en
Europe , avec le petit nombre d'esclaves qu'ils
pourraient choisir parmi les citoyens, contre
une nation libre , et telle que la nôtre, qui les
attendrait avec 600 mille soldats, 1200 mille
gardes nationaux actifs ou disponibles, et, au
besoin, 300 mille faucheurs? et, tout cela, susceptible d'être tenu facilement au complet !
Mais avant que d'essayer une pareille attaque,
ils devraient recomposer leurs armées, dont
les chefs ont trop la connaissance du droit des
peuples pour jouer le rôle de satellites du
despotisme.

Que l'on cesse de vouloir nous persuader
que le fléau de la guerre pourrait être la conséquence d'un acte de justice et de raison.
Si quelque chose pouvait donner lieu à une
guerre, dans laquelle nous serions engagés, ce
serait, au contraire, le déployement partiel de
nos forces, et l'assurance, qu'aurait le pouvoir
absolu, de ne pas se trouver en présence de
la France entière. Mais la nation en masse, armée pour ses droits , sera félicitée avec enthou-
siasme par la Belgique la Suisse et l'Italie; la confédération du Rhin, les peuples anglais prussien
et autrichien nous en rendront grâces, et

l'illustre Pologne apercevra, dès-lors, le terme de ses maux.

Le moyen le plus certain, pour n'avoir pas à redouter le fléau de la guerre, ce n'est donc pas de s'appuyer sur un gouvernement de fait; et il est trop facile, aujourd'hui, d'apprécier la faiblesse des gouvernemens absolus, pour n'être pas convaincu qu'un gouvernement de droit est le seul qui offre une force réelle et un gage certain de tranquillité.

C'est assez démontrer combien sont vains tous les prétextes, à l'aide desquels on voudrait éloigner encore le jour de la proclamation de nos droits; c'est prouver, jusqu'à l'évidence, qu'il n'est aucune conséquence qui puisse déterminer les français, réunis en corps social, à ne pas réclamer l'application du principe d'après lequel tout citoyen, inscrit au rôle des contributions, et âgé de 25 ans, est appelé à participer à l'organisation et à la direction du gouvernement, sans exception et sans privilége. Napoléon, à Sainte-Hélène, le 28 mars 1821, exprimait cette pensée. Cependant il parlait d'après la civilisation, même antérieure à cette époque; il y avait égard et il ne pouvait apprécier ce qu'elle serait en 1831.

J'ai cru nécessaire de m'occuper des conséquences qui peuvent résulter, pour le corps social, de l'exercice du droit qui appartient à chaque citoyen. J'aurais pu m'en dispenser. *Établir le droit suffisait : l'appliquer, appartient aux mandataires du corps social, qui doivent chercher* LE MOYEN LE PLUS CONVENABLE *pour faire cette application,* SANS JAMAIS DÉROGER A CE DROIT.

L'habitude que l'on a de raisonner conséquence, sur cette matière, sans s'occuper du principe, est telle, cependant, que j'aurais pu rencontrer d'avantage de difficultés pour convaincre, si je n'avais tracé aussi les conséquences, et si je m'étais borné à établir le principe; et puisque je viens de citer Napoléon, et de rapporter son avis, je ferai remarquer qu'il raisonnait conséquence sans s'occuper du principe. C'est un vice de raisonnement qui a dégénéré en habitude sur ce point.

Dans cette hypothèse, de même que dans toute autre, on arrive toujours à démontrer la conséquence en admettant le principe. Par cette même raison il m'a été facile de prouver que tout ce qui avait été fait, jusqu'à ce jour, contrairement au principe, était mauvais et vicieux.

Si la grande majorité du corps social n'est pas familière avec cette vérité; si, même, quelques personnes ne la comprennent pas encore, il n'en est pas ainsi du pouvoir absolu et de ses principaux adhérens. Ils le savent tellement qu'ils avaient organisé leur sainte alliance. Ils savent que le principe est contre eux; que, conséquemment, aucune de leurs mesures ne pouvait être juste; et que, deux choses seules, étaient propres à maintenir leur. autorité : l'ignorance des peuples et une force adroitement combinée.

Plus tard, lorsqu'on réfléchira, qu'étant d'accord sur le principe, on l'abandonnait ou bien on le négligeait, sous prétexte des conséquences, on sera étonné de cette faute énorme. En principe, le mariage est utile au corps social : devrait-on le proscrire parce qu'il a, quelques fois, des résultats fâcheux? En principe, encore, a bienfaisance est une vertu : doit-on la proscrire parce qu'elle donne lieu souvent à l'ingratitude? On citerait autant d'exemples qu'il y a de principes admis et reconnus, et tous ces exemples prouveraient que la conséquence ne détruit jamais le principe.

Comment, dans l'hypothèse, a-t-on pu errer aussi fort et aussi long-temps? c'est que le pouvoir absolu s'est constamment efforcé à perpétuer cette erreur; c'est encore parce que, lorsqu'on a voulu user du droit, tous les moyens ont été employés, par les gouvernemens absolus, pour procurer un résultat fâcheux, ce qui est arrivé lors de notre première révolution.

Aujourd'hui, où peuvent conduire de semblables moyens? seulement à un retard. Les peuples connaissent et apprécient leurs droits. Leur en laisser la paisible jouissance en 1831 ou en 1832, qu'importe, puisqu'il le faut; à moins que de vouloir les faire rétrograder, ce qui attesterait la folie chez celui qui manifesterait cette volonté.

Mais sait-on bien ce que l'on fait en privant les dix-neuf vingtièmes d'une nation de la possession de leurs droits?

A-t-on réfléchi mûrement aux conséquences d'une pareille mesure?

Où sont les discours, les mémoires qui ont été publiés pour les peuples? où sont les motifs que je vais encore indiquer en faveur d'une cause aussi sacrée? Je l'ignore. Je n'ai vu nulle part l'expression de ces pensées. Je déclare les avoir recueillies dans les discussions auxquelles j'ai assisté; c'est là qu'elles ont pris naissance. Si elles se rencontrent quelque part, je m'en félicite; elles n'en auront qu'une plus grande force de vérité. Ces pensées les voici :

N'est-il pas vrai que plus on accorde, à l'homme, de confiance publique, de titres publics, et même de confiance et de titres privés, et mieux il vaut : plus il a d'estime de lui-même et plus il a de vertus?

- A cette question je réponds affirmativement et personne n'essayera de me contredire. Cela est vrai, pour tous les hommes sans exception; la différence n'est que du plus ou du moins.

Mais les citoyens que l'on a éloignés des affaires publiques sont dépourvus d'instruction, de civilisation, de fortune. Ils sont ce qu'il y a de moins *capable*, de moins *digne* parmi la nation. Je n'exagère pas et c'est bien ainsi qu'ils sont classés. Je prends acte de cette décision. Elle va servir de bâse à mon raisonnement et à mes observations.

Voici la réponse que j'adresse aux citoyens

les plus *dignes* et les plus *capables;* voici ce que je soumets aux méditations des hommes qui ont décidé (trop légèrement à mon avis) qu'ils étaient l'essence du corps social et qu'ils devaient le gouverner exclusivement; je leur dis :

Admettez, Messieurs, avec tout homme rai-sonnable, que les titres et la confiance élèvent l'âme, rendent l'homme meilleur. Ceci est exact, règle générale. Tel est encore l'effet que produit l'exercice du droit de souveraineté.

Si vous étiez disposés à contester cette vérité, savez-vous quels juges je choisirais? vous-mêmes. Vous, Messieurs les électeurs à 200 fr.; vous, Messieurs les députés. Chacun de vous, plus ou moins, a ressenti, a éprouvé quelqu'heureuse influence morale soit de son titre d'électeur soit de celui de député.

Je sais donc ce que personne n'ignore : je sais que l'égalité des droits et l'exercice de ces mêmes droits grandit l'homme. Le citoyen qui en a la possession acquiert beaucoup en civilisation. Quittez la France aujourd'hui, pour aller habiter une contrée lointaine; que demain le droit naturel soit complettement adopté parmi nous; après 5 ou 6 années d'absence rentrez en France : vous serez surpris des progrès de la civilisation.

Voilà une considération puissante qui fortifierait le droit, si le droit avait besoin d'appui.

Ainsi, non-seulement on a commis une injustice inouie mais encore on a causé un très-grand préjudice moral à l'immense majorité des français, et par conséquent, au corps social.

Priver les dix-neuf vingtièmes des citoyens de leurs droits et restreindre encore, pour eux, les bienfaits de la civilisation, c'est cumuler trop d'iniquités.

Aussi, quel en est le résultat ? celui que produit toujours l'injustice : la crainte et la faiblesse chez ceux qui la commettent. Pour l'appuyer il faut des bayonnettes. 25 milles gardes nationaux par département, enthousiastes du retour de nos couleurs, maintiennent l'ordre public, et l'ordre de choses actuel. Admirable conduite de ce peuple que l'on trompe autant qu'on le calomnie et que l'on calomnie autant qu'on le trompe!

Si quelque chose peut égaler son amour de l'ordre et son patriotisme, ce ne peut être que l'adresse des intrigans qui, pour conserver leur crédit et leurs emplois, savent composer leurs discours, de manière à pouvoir recommander *au peuple armé* de veiller à ce que *le peuple* ne puisse troubler l'ordre, et de sévir au besoin. Pour comprendre autant d'astuce il faudrait être ambitieux et intrigant.

C'est ainsi, cependant, que ce peuple est souvent décimé. Si l'on aperçoit dans ses rangs, et lorsqu'il se bat, quelques privilégiés, ceux-là sont plutôt amis de la France et du peuple que des priviléges. Les autres sont prudens et ils permettent que l'on se batte pour eux.

Si chacun jouissait de ses droits ; si la justice régnait sans réserve, au lieu de 25 mille hommes de gardes nationaux par département, pour faire la police, il ne faudrait pas 25 hommes. Tous les citoyens la feraient sans qu'il fût nécessaire d'en déplacer aucun ; et le temps employé au service de garde serait utilisé à l'enseignement des manœuvres pour contribuer à faire respecter la France par le despotisme.

Voilà ce qui se réalisera le jour où seront proclamés le droit naturel et la justice. Ce même jour les barrières de France pourront s'ouvrir. Il n'y aura plus de proscrits. La nation ayant la plénitude de ses droits, tout changement ne pourrait que lui préjudicier : elle sera sourde à la voix de l'ambition. Inutile de parler de la famille des Bourbons. Sans doute la présence des français, libres, et le souvenir du passé l'importuneraient. Mais si, la nation voulait lui donner asile, elle le pourrait sans le moindre inconvénient.

Les partisans du despotisme; les hommes qui ont osé trahir la France, vendre l'armée; ceux qui ont applaudi à la trahison; ceux qui l'ont soldée; ceux, enfin, qui ont mis au même rang et les traitres et les citoyens les plus recommandables; ces hommes estimés et considérés par des gouvernemens absolus, pourront venir habiter au milieu d'un peuple libre: ils n'y recueilleront que la honte et le mépris.

Pensez-vous que, pour gouverner les français ainsi placés sous l'égide de la loi, il y eût beaucoup de difficultés à surmonter? telle est la question que j'ai ouï adresser en ma présence. Voici la réponse: il faudrait, non pas des ambitieux, mais quelques hommes, amis de la justice, de l'humanité et capables. Des ministres habiles et probes, consolideraient à jamais cet ouvrage.

Ici une pensée de Frédéric le Grand trouve son application: « *Les temps d'élévation et de splendeur des empires*, disait-il, *ont été ceux où des génies sublimes, des âmes vertueuses, des hommes doués d'un mérite éminent y ont brillé, en soutenant le poids du gouvernement par leurs efforts généreux.* »

Rien de plus judicieux. C'est là le procès fait à l'intrigue ; c'est décider avec discernement que les gouvernans doivent éloigner l'intrigant quelque forme qu'il prenne, et rechercher le mérite et la probité.

Il est temps, enfin, que la France ne soit plus obligée de présenter des candidats aux cabinets étrangers, puis d'attendre leurs ordres pour nommer aux emplois importans. Loin de nous les souvenirs affligeans du règne des Bourbons qui acquittait ainsi ce qu'il nommait une restauration, mais qui n'était que le fâcheux résultat de la trahison.

On élève encore une difficulté :

Comment organisera-t-on la chambre des députés pour que toutes les classes du corps social soient convenablement représentées, et comment est-ce que l'on opérera pour que le peuple, qui sera en majorité, et qui aura pu former à son gré le corps électoral, n'envoye pas, à la chambre élective, des mandataires opposés, sans équité ou sans motifs, à l'intérêt des grandes fortunes?

Il est juste de répondre convenablement à cette question; d'anéantir ce prétexte, ou de rassurer les hommes qui peuvent conserver des appréhensions, s'il est vrai que quelques citoyens aient des doutes sincères.

On pourrait y satisfaire seulement en s'étayant des bonnes intentions de Messieurs les députés en faveur de la masse. Nuire à la classe riche, ce serait contrarier l'intérêt général et préjudicier au corps social entier; l'injustice produirait le mécontentement et la classe mécontente se mettant en opposition avec le gouvernement il y aurait, certainement, préjudice pour tous.

C'est de la sorte qu'aurait répondu la classe riche, *lorsqu'elle gouvernait seule* si on lui eût témoigné quelque défiance. On ne se bornera pas à cette réponse qui aurait, cependant, un caractère de vérité qu'un gouvernement absolu ne saurait lui prêter. Mais ce n'est pas avec des mots que l'on fonde un état : il faut DES PRINCIPES, DE LA JUSTICE, ET DES GARANTIES.

Cette question importante serait depuis long-temps résolue si elle eut été adressée à quelqu'un ayant mandat pour y répondre, car rien de facile comme de lever cet obstacle.

Il y a mille moyens qu'une discussion mettra en évidence. Sans chercher, et seulement par approximation, il paraît démontré que 3 classes de députés représenteraient convenablement le corps social, un tiers pour chaque classe.

Ainsi, un tiers payant 1000 fr. d'impôts annuels et au-dessus;

Un tiers payant 300 fr. et au-dessus,

Et, enfin, un tiers payant un impôt quelconque.

En admettant qu'il y eut 450 députés, chaque classe se composerait de 150.

Si l'on objecte que cela nécessitera des fonds annuels pour subvenir aux dépenses des députés, je répondrai que la masse pourra bien acquitter quelques cent mille francs pour, qu'enfin, le corps social soit représenté en entier.

Ce moyen est indiqué uniquement pour faire pressentir combien il sera facile de demeurer dans les limites de la justice.

Cependant, il offrirait au gouvernement l'appui du mérite que produira une noble émulation, lorsque toutes les classes pourront prétendre au mandat que donnera le corps social. Alors, l'homme fortuné espérant peu de ses richesses et ne comptant plus sur une loi d'élection qui sanctionne le privilège, employera, pour devenir capable, le temps qu'il consacrait à l'intrigue : alors, encore, on n'aura pas, ou l'on aura beaucoup moins à récriminer sur quelques élections qui envoyaient, à la chambre, des hommes sans aucune espèce de mérite. Pourquoi laisserait-on, ignoré, le génie dépourvu de fortune? pourquoi la carrière législative serait-elle l'apanage d'une sorte de noblesse financière lorsque presque toutes les autres carrières sont ouvertes à tous les citoyens?

Des inconvéniens, des dangers même peuvent ils en résulter? Il faut y obvier; il faut, en un mot, que la justice soit le guide des législateurs fondateurs; le plus riche des citoyens comme le plus pauvre sont intéressés à ce qu'il en soit ainsi; sans elle rien de solide. Il faut mettre un terme à ce langage ridicule des hommes riches du bien de leurs ancêtres, de même qu'à celui des citoyens arrivés récemment à la fortune, par hasard ou autrement : *nous seuls possédons le plus de richesses : donc nous seuls sommes capables!*

On compte peu de millionnaires parmi les savans : l'étude est le domaine du citoyen né dans la médiocrité. En matière de législation, surtout, les plus illustres furent les moins riches. Mais ce n'est pas ici de comparaisons dont il sagit. Le bon sens, la raison, la justice refusent à l'ambition, qui se saisit du pouvoir, le droit de le conserver en propres, pour en user arbitrairement.

Que les hommes de différens partis, en opposition avec le droit naturel, se hâtent donc de se réunir aux sages partisans de ce droit; qu'ils se pénétrent que l'équité seule, peut mettre un terme au malaise et aux incertitudes du corps social; qu'ils s'empressent d'acquiescer à la demande que je vais former, qui aura un grand nombre de partisans et qu'ils l'appuient de leur suffrage. Il ne saurait y avoir désormais, en France, deux opinions. Le moment est très-rapproché où il n'y en aura qu'une. Que tous les citoyens amis de l'ordre, de la justice et qui font partie du corps social coopèrent franchement au bien général ; ils le doivent au corps social et se le doivent à eux-mêmes.

Vous avez pris connaissance, Messieurs les députés, de l'expression franche des vérités dont je suis pénétré. Sans doute vous appré-cierez mes intentions.

Vous rappellerez à vos souvenirs :

Ce peuple, dont la conduite héroïque, sur les champs de batailles, l'a fait admirer du monde entier ; qui, luttant contre la tyrannie, aux fameuses journées de juillet, presque aban-donné de la classe aujourd'hui privilégiée, mais secondé par une jeunesse riche de mérite et de gloire, a frayé le chemin de nos libertés, dans lequel nous marchons malgré quelques parti-sans de l'arbitraire.

Reconnaissant des compatriotes à des actions aussi belles, vous comprendrez que la loi ne saurait les méconnaître et ne leur accorder le titre de français que lorsqu'ils ont du sang à donner.

Appréciant les hommes, sans égard pour la fortune, vous interrogerez l'histoire contemporaine. Elle vous dira que des plébéïens ont reçu des titres d'honneur ratifiés par toute la France : devenus riches ils les ont perdus; que parmi les citoyens nés dans l'opulence, il en est qui aiment les dignités plus qu'ils n'aiment la nation.

La justice, la raison placent sur la même ligne tous les hommes composant le corps social. L'une et l'autre n'établissent de différences que celles du mérite, de l'intégrité et du zèle pour le bien public.

Mais s'il n'en était ainsi, et s'il fallait recourir aux leçons de l'expérience pour adopter une résolution, elles nous prescriraient encore l'égalité des droits et nous signaleraient le régime des privilèges comme le fléau de l'humanité, ayant, pour partisans, les ambitieux dépourvus de mérite.

Trop de maux, trop de calamités ont pesé sur cette France, gouvernée par le pouvoir absolu, pour que vous n'ayez pas égard à toute réclamation qui aura pour but d'éviter, soit un

retour momentanné à ce régime, soit de nou-
velles commotions.

Un citoyen faisant partie du corps social pos_
sède un droit en cette qualité; ce droit est l'é-
gal de celui que peuvent avoir tous les autres
citoyens faisant partie du même corps. Le lui
enlever est une iniquité; on pourrait même se
servir d'une expression plus forte.

Quel que soit le nombre des citoyens qui
s'empare de ce droit, de cette propriété d'au-
trui, l'iniquité est commise.

Ainsi, elle a été commise par les rois seuls;
puis, par les rois et les parlemens; par le gouvernement impérial, et, en dernier lieu, par le
roi, la chambre des pairs et messieurs les députés, mandataires de contribuables payant annuellement 300 fr. d'impôts.

Quelques-uns des membres du corps social,
députés en 1830, et sans aucun mandat qui fût
émané de la masse, viennent de décider que
la spoliation aurait lieu autrement. Tout citoyen
payant 200 fr. d'impôt annuel devait, ou pouvait la commettre au préjudice des citoyens

payant une somme moins forte. Ce sont ces mêmes contribuables qui vous ont élus.

Mais ici l'iniquité cesse un instant.

Lors des dernières élections il y avait absence d'autorité de droit. Chaque électeur a pu se considérer comme autorité de fait, et tous ont dû, dans l'intérêt du corps social, nommer des mandataires de fait.

Vous n'êtes donc pas les mandataires du corps social, mais seulement autorité provisoire, attendu le défaut d'autorité de droit.

Vous saurez apprécier le pouvoir temporaire qui vous est dévolu.

Vous n'oublierez pas cette vérité :
HORS DES PRINCIPES, HORS DU DROIT, IL N'Y A QU'ARBITRAIRE ET INTRIGUE.

Vous comprendrez qu'un gouvernement appuyé sur l'arbitraire et sur l'intrigue est éphémère.

Adopter les mesures administratives et celles d'urgence, voilà ce que le cops social réclame de vous.

Mais l'une de ces mesures d'urgence, c'est de déterminer le mode d'après lequel tous les citoyens, composant le corps social, devront participer à la formation du gouvernement de droit.

Lorsque vous aurez adopté ces mesures, votre mandat cessera. Les mandataires du corps social vous remplaceront. Ils auront à réviser ou à sanctionner la loi qui sera votre ouvrage, afin de la rendre constitutive; et ils vous devront des félicitations, au nom du corps social entier, pour l'intérêt duquel vous aurez consacré vos veilles.

Si vous ne déterminez le mode d'élection qui devra être suivi, et si votre pouvoir se continue pour la session de 1832, alors commencera l'iniquité. Vous n'aurez plus une autorité provisoire, mais une autorité usurpée; vous serez sur la route du pouvoir absolu, escortés des priviléges de fortune et d'une jeune aristocratie financière. Le titre de ROI DES FRANÇAIS deviendrait une dérision avec un gouvernement qui serait seulement celui d'une très-faible partie du corps social.

Si vous différez de rendre, à chaque citoyen, sa propriété, bientôt l'opinion publique vous y obligera et vous n'aurez fait acte d'équité que par contrainte.

Si, au contraire, vous prenez en considération les principes de justice et de modération que je crois avoir positivement émis, le jour où vous adopterez cette résolution la France aura acquis aussi tôt le calme qui caractérise la force.

Cette prise en considération adoptée, le corps social sera placé de fait, dès ce moment, sous le régime du droit naturel, ainsi qu'il y a toujours été placé en droit et en équité. Alors la devise de juillet 1830 : *Liberté*, *Ordre public*, sera imparfaite ; JUSTICE, LIBERTÉ, ORDRE PUBLIC, voilà celle de 1831, celle que réclame le corps social.

Organiser le gouvernement d'après les principes en harmonie avec sa devise ne sera urgent qu'autant que l'état de paix permettra de délibérer. Mais, si le despotisme nous obligeait à la guerre, vous auriez acquis le droit de proroger vos pouvoirs, et de faire, pour l'indépendance nationale et pour le maintien des principes, tout ce que les circonstances commanderaient.

Vous auriez le droit de dire à chaque citoyen : *Le corps social, dont vous faites partie, réclame votre appui : votre devoir est de l'aider de tous vos moyens.* Vous aurez ce droit, PARCE QUE VOUS AUREZ PROCLAMÉ LA RECONNAISSANCE DU CORPS SOCIAL.

Dès-lors les Français, sans exception, sont à la disposition du gouvernement, et la France sera invincible : malheur à qui l'obligera à la guerre ! Malheur au despotisme, s'il veut s'opposer à ce que la justice et la raison remplacent en France l'arbitraire et l'intrigue, remplacent des priviléges quelconques et un pouvoir plus ou moins absolu !!!

Vous êtes appelés, messieurs les députés, à mettre fin au scandale que nous offrent de ridicules prétendans à la domination qu'ils voudraient reconquérir en France. Vous allez apprendre à l'Europe que trente-deux millions d'individus ne sont plus à la disposition d'un enfant ; qu'ils ne sont pas sa propriété. Vous lui apprendrez que des titres de naissance, vrais ou faux, ne sauraient, dans ce siècle, mettre en question le sort et la tranquillité d'une nation. Vous lui apprendrez, enfin, qu'un Français qui nous a consacré son repos sans motif d'ambition et dans des vues d'intérêt général; qu'un Français *qui voudra franchement le droit naturel et la loi qui le proclamera*, doit occuper la place de premier, de principal mandataire de cette même nation, qui sait que la reconnaissance et la gratitude sont plus que des qualités, que ce sont des vertus.

Heureuse époque! si vos travaux et votre sollicitude assurent à la postérité une sage liberté et le règne de la justice!!!

L'histoire inscrira sur le bronze le nom du roi-citoyen, celui de l'homme illustre des Deux-Mondes, ceux des députés de 1831 et de tous les amis de la justice et de l'humanité qui auront adoptés pour devise :

« PAIX AUX PEUPLES, HONTE AUX DESPOTES! »

GRUARDET,

De la Côte-d'Or,

Ex-électeur, ancien négociant,

Place-St-Michel, maison Martin, à LYON.

1189

www.ingramcontent.com/pod-product-compliance
Ingram Content Group UK Ltd.
Pitfield, Milton Keynes, MK11 3LW, UK
UKHW021110140726
13695UKWH00004B/1439